SEF Collana | NEO-FUNZIONALISMO E SISTEMI INTEGRATI

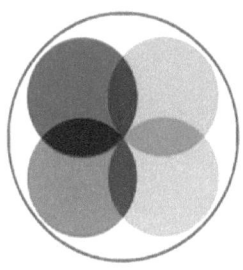

Scuola Europea di Formazione in Psicologia
e Psicoterapia Funzionale

Collana Neo-Funzionalismo e Sistemi Integrati

Questa pubblicazione fa parte della collana dedicata al Neo-Funzionalismo, ovvero un'Area scientifica di pensiero, ideata e messa a punto dagli anni '80 in poi da Luciano Rispoli, di cui la Psicoterapia Funzionale è uno dei metodi operativi. Ogni libro tratta un tema specifico legato ad un determinato campo d'intervento della Psicologia Funzionale.

Luciano Rispoli

DIAGNOSI
Elementi per la costruzione della
diagnosi nella
Psicoterapia Funzionale

Redazione

Luciano Rispoli

Paola Bovo, Paola De Vita

Hanno curato questa pubblicazione

Paola De Vita, M. Nadia Lucci, Claudia Sciacchitano

Facebook:
https://www.facebook.com/scuola.di.psicoterapia.sef

Email:
formazione@psicologiafunzionale.it

I lettori che desiderano informarsi sulle pubblicazioni inerenti al Neo-Funzionalismo (libri, articoli, rivista on line, ebook) possono consultare il nostro sito Internet www.psicologiafunzionale.it e iscriversi nella home-page al servizio "Resta Informato" per ricevere le nostre novità

Premessa

Questa pubblicazione ha lo scopo di analizzare e approfondire il tema della diagnosi, in particolare fornendo non solo gli elementi teorici ma anche quelli pratici e le modalità operative per la strutturazione di una diagnosi completa ed approfondita in Psicoterapia Funzionale.

Buona lettura,
Paola De Vita

INDICE

INTRODUZIONE

Se guardiamo alla storia della psicoterapia come a una delle varie scienze che riguardano l'uomo e le sue relazioni, ci accorgeremo che esiste un percorso lungo il quale essa si è sviluppata. I vari approcci clinici, infatti, altro non sono che differenti angolazioni dalle quali sono stati studiati la persona, il suo funzionamento psichico e quello sociale. Ciascun modello ha messo in luce alcuni fenomeni, alcune parti di quest'universo complesso; e naturalmente ha sviluppato tecniche adatte a questi aspetti. Perciò possiamo dire che i sistemi terapeutici oggi esistenti non sono realmente l'uno alternativo all'altro, ma (almeno in certa parte) l'uno complementare all'altro.

Oggi siamo in una fase nuova della storia della psicoterapia, caratterizzata dal tentativo di occuparci della persona, per quanto possibile, nella sua interezza, affrontando così la sfida della complessità e dell'unicità al tempo stesso del campo di indagine e di intervento. Ma spesso si cade nella confusione tra campo di applicazione da un lato e teoria e metodologia dall'altro; troppo spesso il campo di applicazione viene visto come qualcosa a sé stante, o come una teoria o una metodologia a parte. Ci potremmo chiedere: quali sono i campi di applicazione di una teoria? Ogni teoria generale, se completa nella parte eziopatologica, diagnostica, terapeutica e valutativa, deve poter intervenire in qualunque campo di applicazione. Anche se ciascun campo di applicazione comporterà naturalmente specificazioni particolari della teoria generale e metodi propri. Un campo teorico clinico per potersi definire *autonomo* e *completo* deve includere: una teoria generale del funzionamento dell'essere umano, una teoria evolutiva, una teoria della eziopatogenesi (cioè come avvengono le alterazioni e perché ci si ammala); ma anche una teoria del processo di cambiamento, e infine una teoria della tecnica. È chiaro che un campo teorico di tal genere deve poter abbracciare *l'intero funzionamento della persona* su tutti i livelli, ma deve essere anche in grado di interpretare e intervenire nelle varie possibili situazioni di vita di un individuo (familiare, lavorativa, sociale, ludica) e in tutti i momenti e fasi della sua esistenza.

Dovremmo finalmente dichiarare apertamente che la strada del progresso in psicoterapia sarà necessariamente verso un livello superiore di *integrazione*; integrazione dei suoi vari Sistemi vitali psico-corporei, ma anche una integrazione dei livelli esistenti nei vari modelli e nei vari approcci clinici. Non si tratta, però, di mettere semplicemente insieme tecniche di vari approcci, quanto piuttosto arrivare a uno sguardo più ampio e complessivo, in grado di tenere in conto anche tutte le nuove scoperte delle discipline scientifiche contigue alla scienza della psicoterapia. Prendendo in esempio un'altra scienza, bisogna rendersi conto che la teoria della relatività comprende al suo interno anche la teoria fisica classica di Newton; solo che la teoria di Newton (che spiega i movimenti dei corpi nello spazio nonché le leggi della balistica) non è più valida quando ci si avvicina alla velocità della luce.

Solo nel caso che trovassimo una teoria che contraddice completamente quella precedente, solo allora non si tratterebbe di un livello di integrazione superiore; sarebbe solo una conoscenza nuova che apre nuove prospettive ma che non giunge ancora a un livello superiore.

I fisici - per continuare in un certo senso nell'esempio precedente - oggi stanno cercando quale possa essere la teoria e la forza complessiva (a livello della fisica) in grado di comprendere e spiegare tutte le varie forze molecolari conosciute fino a oggi (attrazione elettromagnetica, gravitazionale, nucleare debole e nucleare forte). I fisici sanno che esiste e ci stanno lavorando.

E cosa possiamo dire riguardo le neuroscienze? Cosa finalmente le neuroscienze sono arrivate a comprendere? Ci si comincia a rendere conto che la sfida del terzo millennio è trovare i *regolatori generali* dell'organismo, invece di studiare migliaia di sostanze neurochimiche e biochimiche da somministrare per curare l'organismo umano. Cioè trovare il modo in cui sia l'organismo stesso a recuperare equilibri e funzionamenti sani.

È quello che il Neo-Funzionalismo sta tentando di fare in tutti questi ultimi anni. Nel Neo-Funzionalismo il discorso è partito dallo studio dello stress e da una concezione unitaria della persona vista in tutte le sue componenti psico-corporee. Lo stress è, infatti, un chiaro fenomeno multidimensionale, a cui concorrono in modo evidente più fattori, più elementi che riguardano sia la psiche che il corpo dell'essere umano.

Ciò che caratterizza lo stress vale anche per gli organismi viventi in genere che sono *sistemi complessi*. Tutto questo va anche nella direzione delle concezioni sostenute da Morin (un grande pensatore del nostro secolo, il grande pensatore della complessità).

Sono due le possibilità di fronte al discorso della *complessità*: il riduzionismo, ovvero mi occupo soltanto di una parte della realtà, perché solo in questo modo posso affrontare un campo come quella della cura terapeutica (e questa è comunque una "rinuncia"); oppure accetto la sfida e guardo alla persona, al fenomeno, nella sua interezza, nel generale e nel particolare allo stesso tempo, su tutti i piani e i livelli possibili. Ma allora - ci si può chiedere - "come mai le teorie olistiche finora hanno fallito?" Non è una critica, ma il motivo centrale è che sono state agganciate quasi esclusivamente a un discorso di tipo energetico, a una visione troppo generalizzata e non dettagliata, a un discorso troppo vago d'insieme che non permette operatività concrete e ben determinate.

A noi non basta che l'olismo si applichi soltanto a un discorso energetico; noi dobbiamo arrivare ad un pensiero olistico che non sia vago e generico ma che si avvicini alla concezione di Morin secondo cui bisogna prendere in considerazione sia il tutto che i dettagli, il tutto e il particolare nello stesso tempo.

Si tratta di un discorso di ampio respiro, un discorso teorico ed epistemologico, che si delinea sempre più come una vera e propria *area di pensiero*. Uno dei punti centrali di quest'area è guardare la persona intera ma con tutti i suoi funzionamenti dettagliati, in tutti i suoi piani psico-corporei. Solo dopo questa concezione unitaria ma anche approfondita nei particolari, si potrà andare a studiare come avvengono tutti i cambiamenti psico-corporei nel processo terapeutico, come funziona realmente la "cura" in una visione globale e multidimensionale.

CAPITOLO 1 - LA DIAGNOSI IN PSICOTERAPIA

Cosa è la diagnosi?

La diagnosi (dal latino diagnōsis, e il greco antico διάγνωσις "conoscere attraverso") dovrebbe essere guardare e comprendere il paziente *attraversando* i suoi modi di essere, nel profondo e non solo in superficie. Naturalmente ogni diagnosi si avvarrà di un determinato sistema diagnostico, di una determinata teoria di riferimento. Ma dovrebbe restare sempre questa idea di attraversamento, di andare nel profondo e non solo su ciò che è più visibile o ciò che è limitato ad un sol settore.

La diagnosi, dunque, non è un atto specialistico di un particolare settore della psicologia, ma un processo trasversale a tutti gli ambiti applicativi della disciplina.

Il concetto di diagnosi ha assunto storicamente vari significati, non univoci, lungo un continuum che va da un'accezione ristretta di identificazione di una condizione di malattia ad un'accezione ampia di identificazione di un fenomeno più complessivo (così come l'intende oggi il Neo-Funzionalismo) sulla base dell'individuazione dei fattori che lo caratterizzano (storia del soggetto, sintomi fisici e psichici, modalità comportamentali, attività mentale, informazioni ottenute con varie modalità di valutazione). Il concetto di diagnosi, pertanto, non è univocamente ed esclusivamente connesso a quello di "identificazione di patologia", come usualmente viene inteso, poiché quest'ultimo riguarda soltanto l'ambito biomedico; e anche in ambito medico è praticabile solo in alcuni settori e per alcune patologie, non in tutte le branche della medicina.

In senso più generale, la diagnosi assolve molteplici funzioni e compiti a più livelli: a) necessità di categorizzare le informazioni, b) facilitazione della comunicazione fra addetti ai lavori, c) facilitazione della comunicazione con il paziente, d) orientamento delle scelte terapeutiche. In questo senso la diagnosi è insieme, nell'accezione ampia dei suoi significati possibili, un atto conoscitivo di raccolta e categorizzazione delle informazioni ed un atto pragmatico di comunicazione fra i soggetti implicati a diverso titolo e livello nel fenomeno oggetto di osservazione.

Modelli della diagnosi

I modelli concettuali della diagnosi fanno riferimento alle diverse teorie sul funzionamento psichico.

Il "modello del disturbo organico" postula che i disturbi mentali sono dovuti a processi patologici in specifiche aree o sistemi cerebrali;

il "modello della funzione alterata" postula che l'alterazione di una funzione costituisce un fattore di rischio per la salute (come per l'ipertensione essenziale, l'osteoporosi o l'ipercolesterolemia);

il "modello biopsicosociale" postula che i disturbi sia psicopatologici che somatici sono dovuti all'inter-relazione di molteplici fattori e che i fattori esterni all'organismo (psicosociali) assumono importanza pari a quelli interni (biologici); il "modello della disfunzione dannosa" postula che il disturbo mentale ha due componenti associate: una di disfunzione cognitivo – emotivo – percettiva, e una seconda di danno di adattamento.

La diagnosi, nelle sue varie accezioni lungo il continuum di cui sopra, si declina in modo diverso a seconda del modello di funzionamento psichico a cui fa riferimento. Da quanto detto, deriva che epistemologicamente non è possibile attribuire un significato univoco al concetto di diagnosi né intenderlo unilateralmente con un'unica accezione ristretta, trattandosi di un costrutto teorico definito dalla concezione del funzionamento psichico che ne è alla base.

Nel modello diagnostico è già messo in atto quel particolare modello clinico con l'accoglimento di determinati dati, precisi criteri di classificazione e di elaborazione. E dunque il criterio di applicabilità di un certo tipo di diagnosi deve essere per forza di cose riferito a quell'approccio terapeutico, collegato al medesimo modello teorico.

Queste sono considerazioni generali e valide per quanto esistente fino a ieri. Ma, come evolve la teoria della psicoterapia così evolve la teoria della valutazione, la diagnosi. Stiamo andando sempre più verso modelli integrati e non più parziali, separati; stiamo procedendo verso sviluppi scientifici che permettono di superare frammentazioni e andare verso una reale integrazione.

Vediamo come.

Introduzione alla Diagnosi in Psicoterapia Funzionale

Nel Neo-Funzionalismo il processo diagnostico non può rimanere sganciato da una visione che integri più livelli di osservazione e di lettura insieme.

Anche se l'elemento centrale da tenere in considerazione in ogni psicoterapia è pur sempre il "sintomo psichico" che il paziente porta in un determinato momento della sua vita, come ostacolo ormai riconosciuto con il quale è divenuto impossibile convivere, e che d'altra parte non appare più "reintegrabile" nel comportamento quotidiano neppure sotto forma di "disturbo" tollerabile, senza dubbio ci è ormai chiaro che non è possibile pensare di confinare neppure un semplice "disturbo" in un ambito che (solo arbitrariamente) possiamo delimitare come *puramente psichico*. E questo perché oggi abbiamo studiato e compreso le complesse interdipendenze che percorrono l'intero sistema psico-corporeo. Non si può più prendere in considerazione, dunque, solo ciò che si precisa a livello di pensiero della persona, ma bisogna ricollegare l'attività del pensare a un insieme di dati che "oggettivamente" vengono inviati da un polo all'altro della coppia nella relazione terapeutica. La presenza di molti dati che sono anche corporei (in un'accezione allargata del corpo) è talmente importante che è impossibile non ritenere che la relazione terapeutica si definisca e si evolva su tutti questi livelli e non essere certi che la comunicazione passi attraverso tutti questi canali.

Un terapeuta che non prenda in considerazione altri piani al di là di quello verbale può non accorgersi di molti elementi di grande importanza: del tremito nella muscolatura facciale di un paziente che comunica in tal modo, anche se inconsapevolmente, la propria paura; oppure dei sottili movimenti delle spalle o della schiena che potrebbero invece mostrare un crescente stato di oppositività non manifestamente espressa.

D'altra parte sono importanti e significative anche quelle modificazioni "corporee interne" che possono essere colte soltanto attraverso il contatto delle mani o dalla propriocezione del paziente (come, ad esempio, il variare della temperatura corporea, una tensione muscolare, sensazioni di chiusura allo stomaco, e così via). Tutte questi vari livelli di *comunicazione* agiscono comunque e in ogni caso; ed è importante allora utilizzare una metodologia che sappia prendere in considerazione tutti questi elementi e li sappia organizzare in un modello teorico ampio e complesso.

CAPITOLO 2 - IL NEO-FUNZIONALISMO

È da precisare che la psicoterapia Funzionale non si caratterizza (come spesso erroneamente si ritiene) per l'intervento diretto sul corpo, ma per una particolare e originale teorizzazione del rapporto corpo-mente.

Mano a mano che si procedeva nel campo di una pratica psicoterapeutica con una visione più ampia che superave vecchi schemi e vecchie concezioni, si scopriva che agire sul corpo in psicoterapia non rappresentava un "acting out", non era un fuggire nell'azione con l'effetto di impedire l'elaborazione dei vissuti e il riappropriarsi di ciò che veniva man mano emergendo. Anzi, al contrario: spesso proprio il lavoro sul corpo permetteva di andare su emozioni, parti profonde e sepolte della persona, livelli, che altrimenti non si sarebbero mai aperti.

I fenomeni a cui si assisteva, nel procedere in questo tipo di pratica, erano estremamente intensi, e riportavano spesso a momenti molto arcaici della vita dei soggetti (espressioni infantili del viso, voce flebile, pianto da bambino piccolo, movimenti involontari antichi, antichissime incapacità a regolare la temperatura corporea, ricordi, immagini, e così via).

Non era solo l'intervento diretto sul corpo del paziente a produrre risultati così sorprendenti, ma anche un certo tipo di relazione tra terapeuta e paziente che andava molto al di là del consueto e tradizionale distacco, una relazione coinvolgente che ripercorreva gli antichi rapporti affettivi con grande intensità.

Da che cosa poteva essere originata una tale intensità?

L'ipotesi più probabile è che essa derivi dal riuscire a entrare nei nuclei profondi del paziente attraverso più livelli Funzionali, più elementi del Sé (psico-corporei). In tal modo si riesce a scendere (quasi da subito) al di sotto del livello di controllo razionale del paziente, delle sue strutture superficiali, al di sotto delle cosiddette difese, e delle cosiddette resistenze, fino al livello dei bisogni più profondi, dei bisogni primari, che, se non soddisfatti in modo sufficiente, hanno dato inizio al percorso dell'alterazione del Sé.

Il Sé può essere definito funzionalmente come *l'organizzazione* di tutte le Funzioni dell'organismo umano, su tutti i piani e su tutti i suoi livelli possibili di funzionamento.

È un poter penetrare sino alla radice dei problemi, sino al bivio del passato in cui si sono separati benessere e malessere, sino ai livelli nei quali hanno avuto origine e continuano a essere attivi i più importanti processi del disagio e della malattia.

Un altro punto che caratterizza questo tipo di terapia "integrata" è la metodologia dell'intervento terapeutico stesso, le sue modalità operative. Si interviene sui vari livelli del Sé (non solo emotivi e cognitivi) *direttamente*. E il cambiamento può avvenire e avviene proprio attraverso tutti questi livelli. Il risultato che vogliamo raggiungere, cioè, non ha come obiettivo finale solo la rielaborazione del vissuto, l'insight, la simbolizzazione, il rendere pensabili e comunicabili le esperienze dolorose passate. Quello che ci interessa è che ci sia un effettivo e deciso cambiamento anche su tutte le altre Funzioni alterate.

Una capacità di "abbracciare" recuperata è, alla fin fine, proprio la capacità di abbracciare nel senso concreto del termine. Un senso di benessere fisiologico ha valore di per sé e non per la rappresentazione che il paziente ne fa a livello simbolico; un allentamento fisico, delle tensioni muscolari, è positivo proprio perché toglie realmente e concretamente la morsa dell'ansia e della vigilanza; spesso le parole non servono ad aggiungere altro.

Certo, alla fine anche il simbolico cambierà, anche la capacità di parlare dei propri eventi dolorosi o gioiosi si riaprirà; ma come uno degli effetti dell'intervento attivato simultaneamente sulla intera e complessa capacità di "abbracciare": sulla tensione muscolare, sull'ansia, sul movimento, oltre che sulla corrispondente rappresentazione nel piano cognitivo-simbolico. L'elaborazione simbolica, dunque, non è l'obiettivo ultimo bensì un obiettivo tra i tanti obiettivi, una Funzione tra le tante altre Funzioni. Ciò che ci aspettiamo, come fine ultimo, è un riequilibrio generale del Sé: e quindi una mobilizzazione di tutte le varie Funzioni, una loro riarmonizzazione, e il ripristino della loro originaria integrazione ma sempre con l'obiettivo di riaprire e recuperare quei determinati Funzionamenti di fondo che sono alterati, inquinati o carenti.

La mobilizzazione consiste nello sciogliere le stereotipie e permettere al paziente di riacquisire il più possibile la completa ampiezza di tutte le gamme del Sé e la possibilità di utilizzare la sfumatura più adatta alla vita, più consona a ciò che desideriamo in quel momento, al benessere, alla situazione circostante. La tristezza deve potere esistere in pieno, ma accanto all'allegria; la forza è importante quanto la fragilità; la durezza quanto la tenerezza; la vigilanza quanto l'allentamento; la velocità quanto la lentezza.

Una riarmonizzazione del Sé permette di riequilibrare le sproporzioni tra le Funzioni, ridimensionando quelle troppo espanse e debordanti e riattivando quelle rimaste troppo poco sviluppate.

Infine, l'integrazione rende possibile ridare nuovamente unitarietà alle persone, far sì che vivano un'esperienza in modo intero, con tutte le Funzioni congruenti tra di loro che vanno tutte in una medesima direzione: un'esperienza di gioia con l'emozione di gioia (e non la paura); i ricordi di altri momenti di gioia; l'eccitazione fisiologica della gioia (e non l'ansia, la colite o altre somatizzazioni); il tono muscolare, i movimenti e le posture della gioia; la voce della gioia; la consapevolezza della gioia; le parole della gioia.

Una modalità integrata di guardare alla persona, considerandola nella sua interezza e in tutti i suoi vari livelli e piani di funzionamento.

Per ottenere questi risultati, per arrivare a raggiungere cambiamenti profondi e stabili, si è rivelato necessario intervenire su tutti i livelli psico-corporei (il più possibile dall'inizio).

La Psicoterapia Funzionale, dunque, va nella direzione di una effettiva visione multidimensionale. Qui la persona è vista come intera, non più suddivisa nella vecchia dicotomia psiche-soma. Il concetto di interezza non può, però, rimanere un assunto di principio, non può restare nel vago e nell'inespresso. Una volta superata questa dicotomia, era necessario abbandonare realmente l'uso dei termini mente e corpo.

Si andava, dunque, sviluppando una concezione del Sé che non fosse limitata ai soli vissuti, alle sole esperienze, alle sole "rappresentazioni" della coscienza, ma che abbracciasse tutti i livelli di funzionamento reale della persona. Non si trattava di immaginare una sorta di "struttura" materiale, un substrato che sta al di sotto della fenomenologia dell'essere umano; ma piuttosto qualcosa che avesse a che fare con la capacità di organizzazione del sistema-uomo.

Dall'altro lato era necessario individuare, per la concretezza operativa della terapia, a che cosa guardare, su cosa poi intervenire, visto che si era archiviato il capitolo del "mente e corpo".

Ebbene, il concetto di Funzioni rispondeva ad entrambe queste esigenze. Le Funzioni ci rimandano alla complessità dell'organismo umano senza però cadere nella impotenza, nell'impossibilità di descrivere concretamente il suo funzionamento; ci permettono di affrontare la complessità senza rinunciare all'operatività.

Le Funzioni

Il cambiamento epistemologico più significativo è consistito nel superare del tutto l'ottica delle "parti", poiché le parti sono comunque di per sé contrapposte; frammentano e scindono la persona. Un nuovo modo di vedere considera l'organismo vivente non come un sistema di parti (visione comunque già più avanzata di quelle statiche strutturaliste) ma come un'organizzazione di Funzioni.

Le parti rappresentano solo "pezzi" dell'individuo; e non ha molto senso curare isolatamente il cuore, lo stomaco, la mente. Sappiamo infatti che è l'intero organismo ad ammalarsi. Le Funzioni, invece, non sono "pezzi" della persona: in ogni Funzione ritroviamo la persona nella sua interezza. Le emozioni, i movimenti, le posture, le sensazioni, le fantasie, non sono qualcosa di limitato, non corrispondono a parti dell'individuo; è l'intero individuo che si esprime attraverso di esse. Le Funzioni non sono di per sé contrapposte l'una all'altra: anzi, più sono integrate tra di loro, più ritroveremo salute, pienezza e benessere.

Le Funzioni sono unità ancora più primarie rispetto ai comportamenti: sono più a monte, sono più "molari".

I comportamenti sono costituiti da sequenze, che prevedono comunque l'intervento di molte Funzioni. Il comportamento di evitamento, ad esempio, comprende movimenti ben definiti, oltre all'uso di segnali comunicativi verbali e non verbali: ci si scosta con il tronco del corpo, ci si allontana con le gambe, si esprime disapprovazione con il viso, si distoglie lo sguardo, si dicono parole vaghe e sfuggenti con un tono di voce neutro.

Le Funzioni, invece, hanno la caratteristica di essere più generali dei singoli elementi che le costituiscono. La Funzione movimento, ad esempio, è costituita dalla generalità dei movimenti concreti e possibili (braccia, gambe, collo, etc.), ed è caratterizzata dalla loro qualità, dalla loro modalità: movimenti piccoli, grandi, veloci, lenti, a scatti, morbidi. Le Funzioni costituiscono già un raggruppamento, una generalizzazione.

Per la psicologia Funzionale non ha senso seguire tutti i singoli elementi, tutte le numerosissime variabili (ogni più piccolo movimento di ogni parte del corpo, ogni singolo gesto, ogni particolarissima postura). Ad essere tenuto in considerazione è piuttosto l'andamento generale di ciascuna Funzione. La Funzione "movimento" ci descrive il modo di muoversi di tutta la persona: se morbido, brusco, veloce, rallentato. C'è chi non riesce mai ad andare piano, chi fa solo movimenti limitati, chi si muove come un elefante in una cristalleria.

Le Funzioni possono essere studiate nelle loro caratteristiche: ampiezza, modularità, mobilità, e quindi nel loro andamento preciso e dettagliato, pieno o alterato che sia. L'ampiezza è la possibilità di avere le due polarità (veloce-lento) pienamente a disposizione; la mobilità è poter passare tempo sufficiente sia su una che sull'altra polarità; mobilità è poter passare all'altra polarità senza restare invischiati a lungo solo su una di esse.

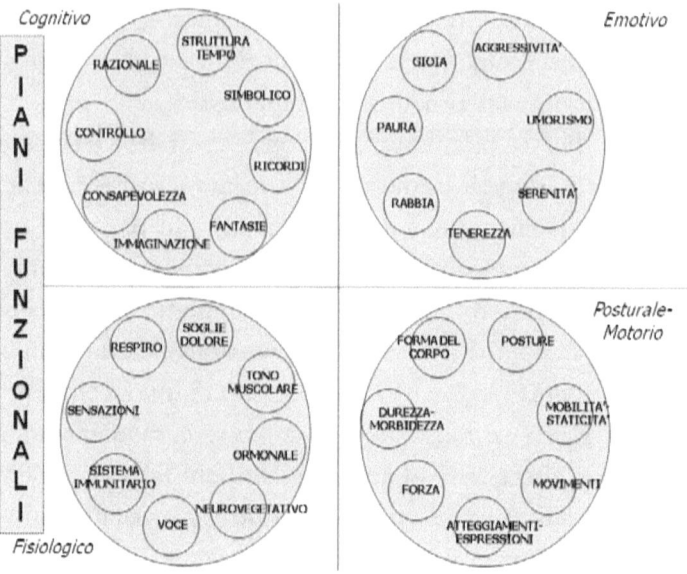

Le Funzioni sono in numero limitato, numerose ma non certo infinite, e sono fenomenologicamente rilevabili sia soggettivamente che da un osservatore esterno.

Anche il comportamento è rilevabile, anch'esso è una manifestazione del Sé; ma è maggiormente connesso a un fine circostanziato, e come tale ha più a che vedere con un'osservazione esterna. Il comportamento, come abbiamo già detto, è un insieme di Funzioni; ma non comprende mai tutte le Funzioni psicocorporee del Sé. Spesso ha poco a che fare con il simbolico, con i ricordi, con le fantasie; difficilmente viene guardato il collegamento con il neurovegetativo, l'immunitario, le soglie percettive, il respiro. Ciò che va sotto il termine "comportamento" è piuttosto l'azione visibile e non il funzionamento complessivo del soggetto, le sue reali condizioni, al di là di quello che fa vedere all'esterno. Una persona può avere un comportamento aggressivo, ma essere pervasa dalla paura, o dalla tristezza, o essere incapace di durezza e distruttività.

Sono le modalità del movimento, e non un dato movimento, a rivelarci come è realmente la situazione: un gesto aggressivo ma condotto con indecisione o con tremolii; una parola accusatoria ma con un tono di voce strozzato o soffocato; un attacco ma con un respiro affannoso, o con il rossore sul viso, o con una postura di sconfitta e scoraggiamento.

Le Funzioni alterate spesso sono anche chiuse in "corto circuito", vale a dire continuano a restare alterate e a presentarsi in modo stereotipato e ripetitivo nonostante i cambiamenti su altri piani del Sé, nonostante la situazione esterna non lo richieda più. Accorgersi che si respira male non modifica la respirazione. Una paura profonda non si allenta se continuo ad avere mani sudate e battito accelerato.

Non si può considerare completo un trattamento terapeutico se restano alterazioni ancora notevoli su qualche livello del Sé, dal momento che le Funzioni di tale livello non sempre ritornano da sole alla normalità, ma anzi finiscono per retroagire su quelle restanti e riportare alla condizione di disagio e di patologia. Un respiro affannoso riporta inevitabilmente a livelli di ansia inaccettabili; una fantasia terrifica finisce per diffondere un senso tragico a tutta la vita; una postura contratta riporta a chiusure sia emozionali che relazionali.

Si è giunti, in tal modo, a una concezione di tipo "circolare" in cui tutti i piani del Sé, tutte le Funzioni psico-corporee, contribuiscono in modo paritetico al funzionamento dell'individuo. Tutte le Funzioni sono altrettanto importanti per lo sviluppo dell'individuo e per la vita. Nessuna Funzione è secondaria e nessuna può essere perciò trascurata, sia durante la fase delicata della formazione della persona, sia nella sua vita di adulto, sia durante un qualsivoglia trattamento terapeutico o di aiuto.

Inoltre, tutte le Funzioni sono profondamente integrate sin dall'inizio, e sin dall'inizio il bambino è in grado di attraversare le più importanti Esperienze Basilari del Sé, e consolidare così quel patrimonio di capacità che lo mette in grado di affrontare con efficacia e successo la vita.

Sotto il peso di continue frustrazioni e di un non pieno soddisfacimento dei bisogni profondi dell'infanzia, le Esperienze di Base possono alterarsi, restare inquinate oppure non svilupparsi pienamente. E di conseguenza alcune delle Funzioni ad esse connesse finiscono per alterarsi anche loro. Se nella loro normalità le Funzioni sono interconnesse e integrate sin dall'inizio della vita (perché fanno parte di un'organizzazione, sono un'organizzazione), possono invece alterarsi sotto il peso di eventi negativi della vita, sconnettersi l'una dall'altra, persino arrivare ad essere contraddittorie tra di loro (gesto e respiro, movimento e postura, parola e tono di voce).

Dalle Funzioni alle Esperienze Basilari del Sé

Anche le Funzioni (come i comportamenti) acquistano il loro vero significato quando si sale a un livello concettuale immediatamente superiore, quello delle "esperienze", e in particolare delle "Esperienze Basilari del Sé".

Le Esperienze Basilari del Sé (EBS) sono quelle esperienze che costituiscono i "mattoni" dell'esistenza, fondamentali per lo sviluppo e la continuazione della vita, per il benessere, la gioia, la capacità di agire nel mondo nella maniera più adatta. Quando il bambino le ha attraversate più volte, con esiti positivi e soddisfacenti e in modo sufficientemente pieno in differenti sfumature e situazioni, diventano vere e proprie capacità consolidate e stabili che restano a disposizione dell'individuo ogni qual volta sia necessario.

Esse andranno a costituire il serbatoio a cui poi è possibile attingere ogni qualvolta ve ne sia bisogno: per poter vivere pienamente una determinata situazione, per poter realizzare ciò che si desidera, per interagire con efficacia e successo con gli altri e con la realtà.

Come definire queste capacità (che nascono dalle Esperienze di Base in età evolutiva) in termini Funzionali? Possiamo definirle come Funzionamenti di fondo nel senso che sono un qualcosa che è "alla base" alla "radice"; sono proprio ciò che produce pensieri, emozioni, gesti, atteggiamenti, parole, comportamenti (che possono variare da situazione a situazione). Sono i modi di porsi del Sé nel mondo in senso generale, non specifico, non legato alle varie situazioni. E sono costituiti da tutte le Funzioni: movimenti, sensazioni, ricordi, fantasie, emozioni, posture, attivazione vegetativa. Ciascuna in una determinata e precisa modalità di essere tra le due polarità che può assumere; e tutte insieme, con quelle determinate modalità, convergono verso un modo di essere del Sé, vanno nella medesima direzione (integrate) a rendere possibile quel Funzionamento di fondo.

Ed è così che la persona potrà veramente "allentare", o usare la "forza morbida", o avere i "guizzi di gioia", o recuperare il "benessere" (quando lo desideri, e, naturalmente, le condizioni ambientali lo permettano) attraverso questo convergere congruente di tutte le Funzioni psico-corporee.

I comportamenti, per contro, sono solo alcune manifestazioni, esteriorizzazioni, dei Funzionamenti di fondo, non per forza composte da tutte le Funzioni integrate.

Per concludere, con il pensiero Funzionale ci troviamo di fronte ad un olismo che non è più vago, ma capace di farci entrare fin nei più piccoli dettagli del funzionamento umano, perché delle Funzioni, di ogni Funzione, si può studiare con grande precisione l'andamento, lo sviluppo, le alterazioni, le disarmonie, le sconnessioni; senza perdere più di vista la persona intera. La concezione Funzionale del Sé ci permette di andare oltre la limitatezza di un Sé esperienziale, senza ricadere però in una visione strutturale del Sé.

Diagnosi in Psicoterapia Funzionale

In che consiste la diagnosi in psicoterapia Funzionale? Consiste nel raccogliere dati che non riguardano solo disturbi e sintomi, ma che permettono di comprendere e valutare il funzionamento reale di una persona, individuando in modo chiaro e preciso i suoi disfunzionamenti. E i suoi disfunzionamenti devono essere rilevati a tutti i livelli del Sé, cioè proprio individuando quei Funzionamenti di fondo che sono alterati o carenti. Oggi, grazie al pensiero del Neo-Funzionalismo, grazie alle ricerche effettuate a livello evolutivo e a livello clinico, conosciamo in modo preciso e dettagliato quali siano i Funzionamenti di fondo degli esseri umani. Se non ci fosse questa conoscenza nuova che riguarda la teoria evolutiva e la teoria della persona, noi non potremmo fare una diagnosi come l'abbiamo decritta più sopra. O per lo meno, potremmo fare una diagnosi, ma ricadrebbe in una descrizione di sintomi, in categorizzazioni, e non sarebbe una *vera* diagnosi. La diagnosi non sono i sintomi, non sono i comportamenti, non sono le strutture psichiche più o meno individuate, poiché noi non siamo fatti di strutture, ma di *funzionamenti*; questa è la grande idea del Funzionalismo. Siamo fatti di funzionamenti e di organizzazione di funzionamenti. Ed allora dobbiamo comprendere anche come dovrebbero essere le diagnosi: guardare come sono i funzionamenti delle persone, cioè come e quanto sono alterati e carenti i suoi Funzionamenti di fondo.

Questa è *diagnosi.*

Prendiamo in esame, dunque l'andamento nel tempo dei Funzionamenti di fondo dei pazienti, a partire dall'infanzia sino al momento attuale: che cosa sono realmente diventati, come si sono alterati, come sono stati inquinati da elementi che non dovrebbero appartenere a quel determinato Funzionamento. E, di conseguenza, guardiamo anche alle "componenti del Sé", cioè a come sono alterate o meno le sue Funzioni (che – ricordiamo - non sono parti o pezzettini, ma rappresentano l'intero Sé). Basta con il frammentare la persona! Guardiamo la persona intera nelle sue componenti, che nella loro organizzazione costituiscono il Sé. Questo è quanto raccomanda anche Morin, questa è la teoria della complessità: l'organizzazione delle Funzioni. E non le Funzioni come simbolo, come metafora; né come strutture psichiche. Parliamo di olismo, parliamo di persona completa, con i funzionamenti concreti e dettagliati che costituiscono il Sé in quel momento (con elementi che funzionano e che non funzionano), con il modo di porsi di questo Sé nei confronti di alcune modalità fondamentali della vita, modalità di rapporto con se stessi e con gli altri (punti centrali per l'esistenza umana), e cioè, appunto, con i suoi Funzionamenti di fondo.

Su questo versante è stato importante lo sforzo di andare ad individuare quali fossero i Funzionamenti di fondo, accertando dunque su cosa agiamo realmente in psicoterapia, cosa facciamo accadere. La diagnosi in terapia Funzionale consiste, appunto, in un quadro articolato e multidimensionale del Sé visto sotto tutti i suoi aspetti, un quadro dei suoi Funzionamenti di fondo alterati o carenti; e, di conseguenza, una rappresentazione di tutte le Funzioni del Sé (del loro stato di mobilità o di alterazione).

Si tratta di una valutazione del funzionamento complessivo del soggetto sui vari piani del Sé e rispetto alle varie Attività Umane (che sono settori di interesse e di iniziativa delle persone, ciò che la persona fa e intraprende nella vita, il modo in cui si realizza il Sé). A livello diagnostico possiamo cogliere segni evidenti (soggettivi e oggettivi) della non pienezza di un Funzionamento di fondo o della carenza di una Attività.

Con queste modalità, è possibile realizzare Diagnosi anche precoci, anche predittive, perché valutano i disfunzionamenti già esistenti prima dell'insorgere di vere e proprie patologie.

Carenze e alterazioni dei Funzionamenti di fondo non solo producono squilibri, problemi e difficoltà nella vita, ma sono anche alla base di malattie fisiche e psichiche. Quello che si ammala non è il corpo o quell'organo o la mente, ma è l'intero organismo che si ammala.

Nel Funzionalismo, dunque, la diagnosi non è né sui sintomi né sui comportamenti, ma è sui funzionamenti, sui Funzionamenti profondi del soggetto, calibrata specificamente sulla persona, e quindi molto lontana da qualunque genere di tipologia o categorizzazione. Dalle tipologie la psicoterapia Funzionale passa a considerare la singola persona, con la sua storia, la sua unicità, la sua configurazione del Sé.

Il risultato è di esaltare la unicità del quadro Funzionale di ogni singolo individuo e al contempo anche la scientificità della rappresentazione, che permette di paragonare una situazione all'altra, di inquadrare le vicende singolari in una più ampia vicenda generale.

Anche il *progetto terapeutico* (cosa fare in terapia, quando e come) può essere altrettanto preciso, in quanto esso segue le indicazioni che derivano direttamente dalla diagnosi, prospettando in modo molto circostanziato dove e in che modo intervenire.

CAPITOLO 3 - ELEMENTI PER LA COSTRUZIONE DELLA DIAGNOSI

Il colloquio diagnostico

Nella conduzione del colloquio diagnostico, dunque, è fondamentale riuscire a rilevare quali sono i Funzionamenti alterati della persona, cosa è accaduto realmente nella sua vita, e non solo nel periodo dell'infanzia. Perciò, con questo precipuo obiettivo, il colloquio viene accuratamente direzionato dal terapeuta, e non si svolge solo su quello che la persona porta.

Certo, accogliere e ascoltare quello che la persona dice è importante, perché costituisce il primo elemento di contatto con il terapeuta. Ricordiamo, a questo proposito, che la condizione in cui si trova il paziente quando viene al primo colloquio è una condizione molto particolare che possiamo definire di *condensazione del transfert*. La persona è quasi pronta a trasferire sul terapeuta i risvolti affettivi dei suoi vissuti antichi, è pronta ad abbandonarsi e aprirsi all'altro.

Ma è anche estremamente importante arrivare a conoscere nel corso del colloquio diagnostico quali sono le reali e obiettive condizioni di funzionamento della persona; al di là dei suoi vissuti, delle sue recriminazioni, delle sue paure e dei suoi dolori. Per questo nel colloquio Funzionale vengono fatte domande precise al paziente, per reperire dati su elementi importanti della sua vita che possano farci comprendere cosa si è realmente alterato, come, e anche quando.

A questo proposito dobbiamo fare tre importanti precisazioni.

1) Non tutti gli episodi di vita sono fondamentali per una diagnosi, e questo perché gli episodi possono essere ricondotti a precise e determinate EBS (Esperienze Basilari del Sé). Molti eventi ci "parlano" degli stessi Funzionamenti che abbiamo già indagato e di cui abbiamo già compreso alterazioni e carenze. Il paziente vorrebbe raccontare tutto nella preoccupazione che se anche sfugge un solo episodio della sua vita il terapeuta non riuscirà a comprendere in pieno cosa gli è successo, cosa ha che non va e non funziona. Si tratta di un'ansia ben comprensibile. Ma proprio perché la diagnosi Funzionale si riferisce ai Funzionamenti di fondo, non è importante conoscere tutti gli episodi della vita della persona, poiché molti sono collegati alle vicende di uno stesso Funzionamento di fondo. E se non fosse così dovremmo veramente farci raccontare tutta la vita della persona, e ci vorrebbe un tempo lunghissimo per effettuare una diagnosi.

Ricordiamo, a questo proposito, che la diagnosi Funzionale non viene centrata su sintomi, disturbi, malattie, ma nemmeno su comportamenti. Dunque le domande che il terapeuta pone sono fondamentali per far luce su determinati aspetti che non sono toccati dal paziente, o che sono toccati solo marginalmente e che per il Neo-Funzionalismo sono fondamentali per arrivare a comprendere quali Esperienze di Base (EBS) si sono man mano alterate nel tempo. Sono importanti, ad esempio, i giochi che il paziente faceva da piccolo, per comprendere quali capacità è andato sviluppando e se queste capacità hanno poi avuto una realizzazione nella sua vita. Oppure sapere da quali fratelli e sorelle era composta la sua famiglia e le differenze di età con il paziente per comprendere quali alleanze aveva realizzato e con chi, oppure no. Chiediamo anche, per continuare negli esempi, i disturbi e sintomi che si presentavano nell'infanzia perché permettono di individuare punti di non funzionamento psico-corporeo già precocemente esistenti, e che quindi possono costituire delle basi su cui poi si innestano sintomi e disturbi attuali.

2) Quando parliamo di Funzionamenti alterati non vogliamo intendere solo pensieri negativi, disturbi classificati come tipicamente "psichici" (anche se non esistono mai disturbi solo psichici o solo somatici), solo preoccupazioni, fantasie negative o ricordi di un certo tipo. Nel Neo-Funzionalismo si tratta di guardare ai Funzionamenti di fondo su tutti i piani psico-corporei, e per questo ci sono aree che vanno indagate con domande precise e direzionate, alle quali una persona che si rivolge classicamente allo "psicologo" non penserebbe mai, o a cui penserebbe se si fosse rivolto a un medico. Una diagnosi multi-dimensionale si deve basare anche su elementi fisiologici, su dati che riguardano gli altri Sistemi del Sé, elementi oggettivi che ci parlano di funzionamento più che di vissuti e di pensieri.

Anche quando parliamo della famiglia originaria del paziente, più che descrivere come era il rapporto con la madre, il padre, fratelli e sorelle, chiediamo come *fossero* i familiari, che atmosfera si viveva in casa quando la famiglia era riunita, per rilevare il più possibile gli elementi reali e oggettivi che ci conducono con sicurezza ai Funzionamenti di fondo e al loro possibile essersi alterati.

3) La terapia Funzionale ha effetti certi indipendentemente se la persona ci creda o no, se abbia fiducia o sfiducia, se "collabori" oppure no, perché non si basa solo su quello che il paziente pensa o crede, che è solo una parte, e non la più importante, del suo funzionamento psico-corporeo complessivo. Ma comunque, cominciare ad aprire un po' di fiducia nel paziente sin dall'inizio è certamente un elemento positivo che incoraggia a continuare anche se ci sono dubbi e perplessità; un'alleanza precoce è oramai ritenuto un elemento predittivo dell'andamento positivo della terapia e del suo buon esito finale.

Fare domande, direzionare (anche se delicatamente) il colloquio per esplorare aree e campi fondamentali per la diagnosi Funzionale crea immediatamente l'impressione nel paziente che il terapeuta sa cosa fare, cosa deve sapere, cosa è importante mettere in luce; e questo rassicura molto di più che parlare per tutto il tempo a ruota libera su ciò che deve ricordare e dire di se stesso, con la preoccupazione ansiosa e ansiogena di dimenticare qualcosa di importante. Un primo elemento di fiducia aiuterà da subito a creare un transfert positivo solido e a diminuire la presenza di un transfert negativo, caratteristica che si riscontra in tutto l'andamento di una psicoterapia integrata che agisce su più livelli psico-corporei, e può da subito – ad esempio – diminuire e alleviare alcuni sintomi fisici molto fastidiosi che affliggono il paziente da tempo.

Sintomi letti in chiave di Funzionamenti di fondo

Qui di seguito riportiamo alcuni tra i principali sintomi e disturbi descritti dalla psichiatria, letti però in chiave Funzionale, in chiave di Funzionamenti.

Diagnosi psichiatrica	EBS	Funzioni alterate	Cause	Terapia
Agitazione/ Instabilità psico-motoria - Incapacità a restare in un posto - Movimenti incessanti - Attività disordinata	Stare → carente Ipercinesi Ansia Lasciare → carente Difficoltà a concentrarsi	Movimenti → continui Tono muscolare → ipertono	Troppo iperstimolati Poco Tenuti e Fermati Tenuti in modo oppressivo	Movimenti portati fino in fondo e ampi Stancarsi Cambiare tono muscolare: forte a poi allentato Perdere il Controllo e poi Essere Tenuti
Diagnosi psichiatrica	**EBS**	**Funzioni alterate**	**Cause**	**Terapia**
Aggressi-vità/Irrita-bilità - Movimenti o parole aggressivi - Gesti impulsivi o incontrollati - Collere ingiustificate	Rabbia → esplosiva Forza Calma → carente Tenerezza → inaridita Aggressività affettuosa → carente Controllo → con buchi		Non Essere visti, capiti – Ingiustizia Non essere Fermati, specie nella collera debordante Trattenersi a fatica	Essere Capiti Forza Calma Aggressività affettuosa Tenerezza

Diagnosi psichiatrica	EBS	Funzioni alterate	Cause	Terapia
Apatia/De-motivazione – Disinteresse per il mondo circostante – Poche reazioni rispetto agli eventi – Riduzione dell'attività	Slanci, Vitalità → molto ridotti Sensazioni piacevoli → scarse Percepire, Stupirsi → bloccato	Movimenti → lenti e ridotti Progettualità → carente, inaridita	Poco Piacere Mostrarsi non gradevole Non Guidati bene	Fare progetti Mostrarsi Slanci

Diagnosi psichiatrica	EBS	Funzioni alterate	Cause	Terapia
Depressione – Tristezza – Perdita d'interesse – Perdita di piacere	Abbandonarsi all'altro → impossibile Essere portati → negativo Continuità positiva → lacerata Essere amati → inesistente Forza → poca Cambiare l'altro → poco	Simbolico → valore di Sé pessimo, schiacciato Fantasie → cupe Movimenti → bloccati	Essere stati lasciati soli Non Portati Non successo nelle azioni fatte Svalorizzati, molto	Essere Tenuti Essere Amati Agire, Contatto attivo, Prendere Cambiare l'altro Affermazione

Diagnosi psichiatrica	EBS	Funzioni alterate	Cause	Terapia
Ansietà – Stato di tensione – Soprassalti – Inquietudine senza una vera ragione	Controllo su allarme → forte Continuità positiva → minacciata	Sensazioni tattili → sgradevoli Soglia del dolore → bassa → essere attaccati Simpaticotonia → forte	Forti pressioni → Stress Drammaticità emotiva Aspettative forti, esagerate Non protetti dal pericolo	Protezione Lasciare, Disattivare Benessere, Trance

Diagnosi psichiatrica	EBS	Funzioni alterate	Cause	Terapia
Euforia/in-stabilità dell'umore - Ridere senza una motivazione reale - Alternanza rapida di gioia e tristezza - Giochi di parole furori luogo	Continuità positiva → compromessa Controllo → con esplosioni Aggressione → indiretta e opposizione		Tristezza troppo → paralizzante Continuità positiva → troppo discontinua Drammaticità emotiva Essere Valorizzati → confuso e distorto	Essere Visti e Capiti Calma, Stare Stabilità emotiva, contentezza Controllo morbido
Diagnosi psichiatrica	EBS	Funzioni alterate	Cause	Terapia
Disturbi del sonno - Difficoltà ad addormen-tarsi - Risvegli di notte - Sonnolenza durante il giorno - Incubi frequenti	Lasciare → difficile Benessere → poco	Fantasie → in agguato Attenzione e vigilanza → dure, concentrate Paura → diffusa e sottile	Essere Protetti → non molto Controllo → iperstimolato	Protezione Lasciare, Benessere Vigilanza morbida
Diagnosi psichiatrica	EBS	Funzioni alterate	Cause	Terapia
Disturbi del comportamento alimentare - Rifiuto del cibo - Non mangiare che determinati alimenti - Perdita di appetito - Mangiare qualsiasi cosa	Opposizione — Ribellione disperata Sensazioni di Sé → distorte Forza → molto nel resistere	Sensazione di sazietà → distorta Immagine di Sé → non reale Movimenti → duri e a scatti Tono muscolare → falso ipertono	Controllo intrusivo e aggressivo dei genitori Forza non aiutata Non visti, non valorizzati Ribellione, opposizione → smorzate	Sensazioni ricuperate correttamente Forza profonda e calma Opposizione morbida ed efficace Assertività tranquilla

Diagnosi psichiatrica	EBS	Funzioni alterate	Cause	Terapia
Idee deliranti – Certezza che un'idea sicuramente falsa sia reale e indiscutibile – Interpretazioni false di determinate situazioni – Impressione intangibile di persecuzione e di avvelenamento	Sentirsi → distorto Percepire → distorto Rabbia → continua e pervasiva Controllo → ossessivo, disfunzionante	Immaginazioni → mescolate con le Fantasie Fantasie → debordanti Razionalità → rarefatta Paura → dilagante	Non alleanza chiara Non guidato, regole non chiarite Paure minimizzate Preoccupazione e allarmi in famiglia Sentimenti resi confusi Razionalità non aiutata e non premiata	Guidare, chiarire Allentare l'allarme Sensazioni positive chiare/Percepire l'altro Alleanze forte e chiara Valutazione della realtà semplice ed evidente Forza e non rabbia
Diagnosi psichiatrica	EBS	Funzioni alterate	Cause	Terapia
Allucinazioni – Vedere o ascolto di fenomeni inesistenti – Atteggiamento in cui il paziente sembra vedere o ascoltare senza ragione	Percezioni → alterate Controllo → con inceppature	Fantasie → debordanti Vigilanza e allarme → alti ma sotterranei Paure → sottilmente dilaganti	Essere portati e guidati poco Molto allarme, atmosfere paurose Razionalità non aiutata Non fare capire al bambino, nascondere Condivisione negata ma camuffata	Allentare l'allarme Controllo morbido e reale Percepire con chiarezza Condivisione chiara e limpida
Diagnosi psichiatrica	EBS	Funzioni alterate	Cause	Terapia
Comportamento aberrante – Ordine e disordine permanenti – Gesti ripetitivi senza utilità – Grida e canticchiare	Stare → impossibile Controllo → impazzito → Non filtrare niente Percepire la realtà → molto alterato Condivisione, aprirsi → senza interlocutore	Movimenti → in cortocircuito, stereotipati Desideri → incontrollati	Non Fermati con limiti chiari e precisi Superstimolati a fare Non aiutati a stare e percepire le cose buone intorno Contatto intermittente	Controllo morbido e congruente Condivisione Stare con calma Contatto profondo e calmo

I Punti "Centrali" della diagnosi

Nel momento in cui una persona viene a chiedere aiuto, per problemi che possono essere vari e di vario tipo, il terapeuta deve assumere le caratteristiche di un ricercatore, o addirittura di un investigatore, per scoprire cosa è successo realmente a quella persona nella sua vita. La concezione classica secondo cui quello che conta sono solo i vissuti, i pensieri, le fantasie, in una visione olistica è ovviamente insufficiente e superata. Quello che è importante, al contrario, è come sta la persona nella sua globalità, quali sono i disfunzionamenti reali su tutti i livelli psico-corporei. Ci troviamo, dunque, in un territorio che unisce concezioni di tipo più caratteristicamente psicologico a modalità di indagine che sono più tipiche del campo medico-biologico.

Dunque è fondamentale comprendere come sta la persona, il suo organismo, nella sua globalità, e non solo quello che la persona pensa, visto che nella concezione del Neo-Funzionalismo i pensieri o le fantasie sono una delle Funzioni del Sé alla pari delle altre Funzioni, in una concezione che non è piramidale (non è la mente che controlla l'intero funzionamento dell'organismo) ma "circolare" con tutte le Funzioni che sono legate in una organizzazione, tutte con la stessa importanza e allo stesso livello.

Ma nel momento in cui vediamo non solo i sintomi e i problemi bensì anche e soprattutto le alterazioni dei Funzionamenti di fondo, dobbiamo porci un'altra importante domanda: perché la persona sta male? Cosa è successo nella vita che l'ha portata a questi disfunzionamenti? Ai suoi propri caratteristici disfunzionamenti, che non saranno mai gli stessi di quelli di un'altra persona, anche se alcuni sintomi e disturbi possono essere uguali o simili?

Bisogna reperire, negli accadimenti che hanno punteggiato la vita della persona, quelli che noi definiamo *punti centrali*: cioè quegli eventi e situazioni che (anche se non da soli ma uniti a tanti altri che portano nella stessa direzione) hanno inciso fortemente e in modo del tutto individuale sulla sua vita, che sono stati una vera e propria svolta, che hanno determinato l'alterazione profonda di un determinato Funzionamento di fondo (con tutte le conseguenze relative, in termini di comportamenti, di problemi, di sintomi, di malesseri).

Non ci basta dire, ad esempio, che quella persona è stata poco Tenuta, vogliamo sapere come e perché; vogliamo arrivare a capire che uno dei punti centrali è la sua difficoltà ad avere legami sentimentali molto stretti, perché l'Esperienza di Base dell'Essere Tenuti è stata qualcosa di troppo soffocante e oppressivo, è stata inquinata da troppo controllo e intrusione da parte dei genitori o di altre figure adulte importanti.

Oppure vogliamo arrivare a scoprire che uno dei punti centrali di un'altra paziente è stato il rinunciare troppe volte a qualcosa che nella vita l'aveva interessata ed entusiasmata: la scuola d'arte figurativa, la possibilità di imparare un'altra lingua all'estero, un fidanzato che lei amava molto ma che la famiglia non tollerava. E questo, perché la propria Determinazione, nelle scelte e nella possibilità di realizzazione dei propri sogni, era stata a poco a poco minata nella sua vita. Il rischio per questa persona (che è venuta in terapia) era quello di dover subire una possibile altra rinuncia che si stava profilando all'orizzonte e che avrebbe finito per aggravare molto di più le sue condizioni e le possibilità di una risoluzione con il lavoro terapeutico.

Queste considerazioni sui punti centrali non devono scoraggiare, facendo temere che si tratti di qualcosa di molto difficile da arrivare a comprendere, e che solo con una grande e lunga esperienza professionale ci si può riuscire.

Al contrario! Questo modo di procedere facilita notevolmente la realizzazione di un quadro diagnostico molto approfondito, perché è una guida che ci indica la strada e permette di evitare che ci si perda in mille rivoli, in mille pensieri che quasi sempre i pazienti ci portano, facendoci accedere a quella che è realmente la caratteristica di quella determinata persona.

I punti centrali, insieme ai Fili Rossi (che ne sono l'estrinsecazione lungo la storia di vita) ci permettono di vedere esattamente cosa è successo a quella persona: e quindi sia di realizzare una Diagnosi che riesca a centrare proprio quello che è essenzialmente importante, sia di realizzare un Progetto terapeutico esattamente calibrato, e capace, quindi, di ottenere dei cambiamenti molto importanti in tempi molto più brevi.

Diagramma Funzionale

È possibile tracciare, a questo punto, un quadro abbastanza completo delle alterazioni che hanno via via modificato l'organizzazione complessiva del Sé della persona, le caratteristiche delle quattro grandi aree e dei sottopiani e processi Funzionali che le compongono. Una rappresentazione Funzionale del Sé è quella di una sfera complessiva (nel piano è un cerchio) che contorna a sua volta quattro sfere le quali rappresentano quattro grandi raggruppamenti di funzioni: il piano cognitivo-simbolico; emotivo; posturale-muscolare; fisiologico. Questa rappresentazione, molto pratica e sintetica, è una vera e propria "fotografia" della persona a quel momento della sua vita, una fotografia del Sé e di tutte le sue componenti Funzionali, piene e aperte o alterate che siano. Questa rappresentazione la definiamo Diagramma Funzionale.

La necessità di suddividere in quattro grandi aree tutti i processi Funzionali deriva da una duplice motivazione: da una parte la chiarezza che si ottiene schematizzando il campo con due assi perpendicolari che dividono il Sé in differenti zone; dall'altra l'osservazione che a volte i processi Funzionali tendono ad alterarsi all'interno di un raggruppamento. Possono, così, avere un senso nella descrittiva diagnostica espressioni del tipo: è un soggetto con il piano emotivo atrofizzato; una persona in cui il livello fisiologico è alterato, un individuo ipercognitivo, e così via.

Fili rossi

Come facciamo per aiutarci in questa diagnosi?

Una domanda estremamente interessante (che ci facilita nella diagnosi) è chiedersi: "Ma com'è che questo paziente è arrivato a questa alterazione di questo tale Funzionamento"? Ci interessa capire come da un Funzionamento sano si sia arrivati a quel determinato tipo dialterazione, e allora ci sforziamo di considerare gli episodi, di vedere cosa è realmente successo, ma collegandoli tutti in un andamento che a poco a poco ha portato alla condizione attuale.

Il "filo rosso" rappresenta una catena di vicende che lungo un "continuo" hanno condotto fino alle alterazioni e alle disfunzioni attuali. Nella diagnosi ci interessa vedere gli episodi che si sono "sommati", e che quindi, hanno trascinato quel funzionamento all'alterazione.

Possiamo dunque tracciare questi "fili rossi" che individuano la *storia di un Funzionamento* con tutti gli eventi negativi (ma naturalmente anche i positivi se ci sono) che accumulandosi conducono man mano al disfunzionamento.

Ricordiamo che un Funzionamento di fondo è alla base, è alla radice di tanti modi di essere (comportamenti, parole, pensieri, atteggiamenti…) nelle varie situazioni di contesto, specifici di ogni particolare situazione E i Funzionamenti di fondo possono, perciò, essere individuati al di là delle varie singole situazioni.

Scheda di Valutazione

Un ulteriore aiuto per stilare un preciso progetto terapeutico è la Scheda di Valutazione in psicoterapia Funzionale.

La Scheda è composta da 16 punti rappresentativi dei vari livelli Funzionali del Sé e di alcune importanti Esperienze di Base. I vari punti sono rilevati sia attraverso le risposte dirette dei pazienti ad alcune domande, sia attraverso l'osservazione fatta durante l'esecuzione di alcune tecniche terapeutiche. Per ognuno dei 16 punti ci sono 4 livelli possibili di funzionamento del paziente (descritti dettagliatamente e perciò standardizzati): da A che rappresenta il livello di funzionamento migliore, più mobile, fino a D il livello peggiore, più rigido.

Nella ricerca effettuata applicando la Scheda di Valutazione abbiamo assegnato ad A il valore 4, a B il 3, a C il 2, a D il 1. Ne è risultata così la possibilità di misurare la condizione del paziente prima e dopo la psicoterapia (o di un certo numero di sedute) con un numero complessivo, che va da un minimo di 16 per una alterazione massima a un massimo di 64 per una condizione di piena funzionalità.

Diagramma Polare

Dalla valutazione effettuata sulle condizioni dei pazienti tramite la Scheda si può poi trarre un Diagramma *"polare"*, una rappresentazione grafica a 360 gradi, con gli assi dei 16 punti messi a raggiera e i 4 livelli (da A a D) messi a cerchi sugli assi: da D che è il livello più vicino al centro dei cerchi fino ad A che è il livello più lontano.

Nelle figure che seguono viene rappresentato il caso di un paziente prima e dopo la terapia. La rappresentazione è suggestiva e immediata perché da una figura accartocciata (quasi un Sé ripiegato in se stesso) passiamo a una figura piena ed espansa.

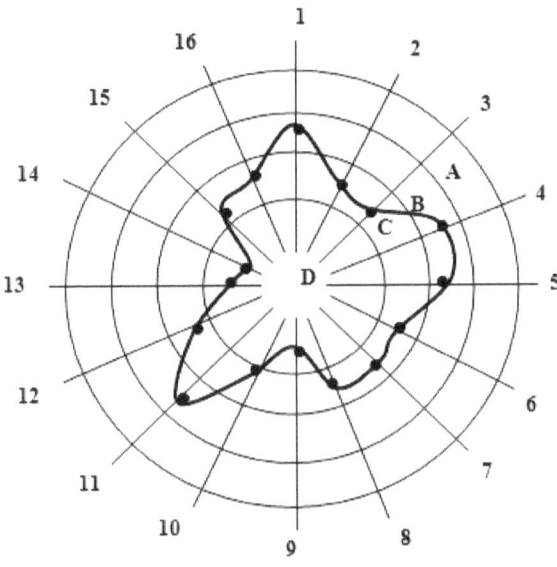

Rappresentazione polare prima della terapia

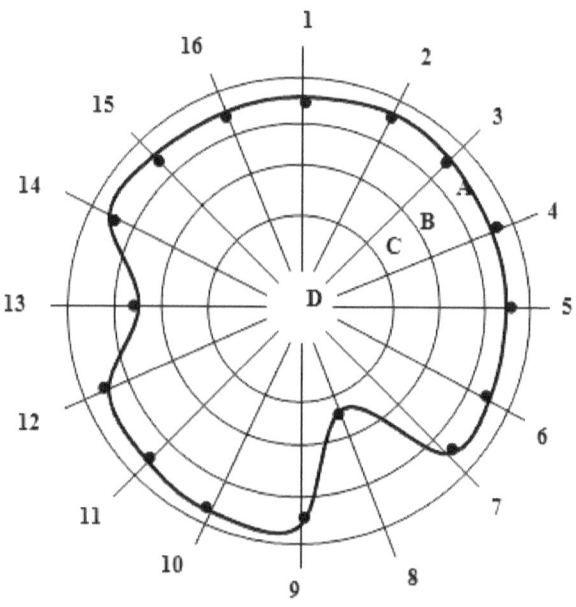

Rappresentazione polare dopo la terapia

La rappresentazione polare, inoltre, ha il vantaggio di poter cogliere, con un rapido sguardo, anche in quali piani del Sé e in quali Funzionamenti vi siano le maggiori alterazioni e contrazioni del paziente, dal momento che dei 16 punti della Scheda 4 si riferiscono al piano cognitivo-simbolico, 4 a quello emotivo, 4 a quello posturale-motorio e 4 al piano fisiologico. E naturalmente permette di visualizzare anche in quali piani e in quali Funzionamenti vi siano stati i maggiori miglioramenti.

Il progetto Terapeutico
Restituzione al paziente e Prognosi

Nella logica della trasparenza che permea tutta la psicoterapia e la psicologia Funzionali, dopo la fase diagnostica, al paziente viene data un'ampia e chiara "restituzione". Cosa vogliamo dire con "restituzione"?

Che al paziente va spiegato cosa è successo nella propria vita (non solo nell'infanzia), quali sono le ragioni e le cause che lo hanno portato alla situazione attuale, ai suoi malesseri, ai suoi sintomi. Non si tratta di ribadire l'insieme dei suoi sintomi (che tra l'altro conosce bene) o di inquadrarli attraverso una "denominazione" in una sindrome tipica della nosografia psichiatrica, che non ci dice quasi niente sulla sua persona, sulla unicità della sua persona e della storia da lui vissuta. Si tratta invece di ripercorrere la sua vita (i Fili Rossi) con gli eventi e le situazioni che, accumulandosi man mano, hanno generato le alterazioni dei suoi Funzionamenti di fondo.

In questo tipo di visione non ci sono più né il mistero né la casualità: i pazienti si rendono conto del perché stanno come stanno. I sintomi e i malesseri, ma anche i problemi della loro vita, assumono una luce diversa, risultano chiari rispetto ai disfunzionamenti.

Togliere l'alone di mistero produce sin da subito un notevole sollievo: perché si riesce a comprendere che malesseri, sintomi, problemi si possono affrontare e "curare", con metodologie chiare e comprensibili, proprio riaprendo e recuperando i Funzionamenti di fondo che sono carenti e alterati.

Da una moltitudine di problemi, sintomi e disturbi, emergono relativamente pochi e chiari disfunzionamenti, che possono essere affrontati, perciò con una maggiore tranquillità e con più speranza di successo e di "guarigione". Del resto, ai pazienti viene detto che anche se sono pieni di perplessità e scoraggiati, saranno loro stessi ad accorgersi se le loro condizioni in poco tempo cominciano a migliorare oppure no; in modo oggettivo, indipendentemente da qualsivoglia suggestione, senso di fiducia, impressione soggettiva. E se questo arrivano a verificarlo realmente, allora possono continuare la terapia con meno preoccupazioni e meno dubbi.

Naturalmente, ai pazienti non è necessario restituire tutti gli elementi della diagnosi, sia perché sarebbe troppo lungo, sia perché le persone nel loro stato di ansia e preoccupazione possono ritenere molto poco se vengono dette loro troppe cose. Bisogna toccare i punti principali, in modo molto chiaro, e ripeterli più volte per renderli veramente comprensibili. Del resto la diagnosi e il progetto terapeutico saranno ripresi molte volte nel corso della terapia, affinché siano compresi sempre meglio dai pazienti, e siano comprese anche le metodologie e le tecniche che vengono adoperate.

Sulla scia di questa chiarezza e semplicità, date dalla possibilità di comprendere facilmente i Funzionamenti di fondo, si può comunicare al paziente anche una *prognosi* relativa alla terapia che gli viene proposta. Si possono fare, infatti, previsioni abbastanza attendibili perché legate alla possibilità di dover recuperare (completamente o meno) pochi o molti Funzionamenti di fondo carenti e alterati.

Ma oltre a una prognosi basata sui possibili risultati, si può comunicare una prognosi anche sui tempi che questo tipo di terapia potrebbero comportare. Certo, sui tempi non si può mai essere estremamente precisi, ma prevedere se si tratterà di una durata molto lunga, mediamente lunga o più breve non è impossibile. Ancora una volta, grazie al fatto che nel Neo-Funzionalismo guardiamo ai Funzionamenti di fondo e non ai sintomi e ai disturbi, è possibile prevedere, in linea di massima, sia la complessità sia la durata del trattamento terapeutico, in base alla quantità e alla gravità dei Funzionamenti di fondo da recuperare.

Direzionalità nel progetto terapeutico

A questo punto dobbiamo affrontare un discorso che riguarda la precisione e la direzionalità di un progetto terapeutico.

Da dove nasce il progetto terapeutico?

Dalla diagnosi e dai fili rossi scaturiscono in modo abbastanza chiaro gli elementi del progetto: possiamo perciò parlare di diagnosi-progetto.

Quando parliamo del progetto, non procediamo guardando ai sintomi, oppure alle tipologie; non procediamo applicando le tecniche tento per applicarle, non muoviamo la persona nei suoi piani psico-corporei per chiedere: "Cosa è uscito fuori?" "Cosa senti dentro di te?" Noi non procediamo nel processo terapeutico seguendo ciò che in quel momento emerge, o cade sotto l'attenzione del terapeuta, o del paziente.

Cosa accade in realtà se a un paziente (magari dopo avergli fatto fare dei movimenti o averlo messo in una certa postura) gli si chiede "Cosa senti in questo momento"? Succede sicuramente che la persona risponderà una cosa qualunque le passa per la mente in quel momento, senza che questo qualcosa abbia un significato profondo e utile per la terapia. Oggi sappiamo molto di più sui pensieri "casuali" che arrivano alla nostra mente. Se la mattina, ad esempio, la persona ha fatto un passo falso con la gamba destra, può rispondere: "Mi trema la destra". E allora il terapeuta può continuare: "La destra??...La tua parte maschile!" E la seduta, la terapia, vanno in una direzione presa solo per casualità, per ciò che in quel momento cade sotto l'attenzione del paziente o del terapeuta.

In questo modo o la terapia va in direzione del caso, oppure procede in direzione di "vecchie tracce", cioè vecchie modalità di funzionare che sono le modalità ripetitive nelle quali le persone continuano a ricadere, senza neanche averne consapevolezza. Nella ipotesi peggiore, il paziente in quel momento fa una determinata cosa, o sente quella sensazione, perché è il suo solito modo cronico e stereotipato di funzionare.

Oppure nella ipotesi migliore si tratta di qualcosa del tutto casuale che in quel momento la persona sta notando, ma per fatti che sono del tutto contingenti.

Se io terapeuta vedo una contrazione reale della postura a livello del bacino, da lì dovrò passare a comprendere cosa significa realmente nella vita della persona, e a quali Funzionamenti di fondo questa postura alterata è collegata. Ma se osservando il bacino, chiedo al paziente: "A cosa ti fa pensare il tuo bacino? Cosa senti"? coglierò solo quello che l'altro ha casualmente nella sua mente, oppure qualcosa che è nella vecchia modalità di essere e sentire. E per di più sarà qualcosa che riguarda ovviamente solo il suo pensiero, non è la persona intera.

Per il Neo-Funzionalismo il modo di procedere in terapia non deve procedere su vecchi disfunzionamenti, vecchie tracce. Il vero cambiamento è andare a recuperare i Funzionamenti di fondo non pienamente sviluppati, atrofizzati o inquinati con degli elementi incongruenti e inadatti che non permettono di utilizzare pienamente quella determinata capacità.

Il progetto in Psicoterapia Funzionale è suddiviso per fasi oggi ben individuate; è direzionale, è preciso; e nasce da una diagnosi che è esattamente una diagnosi sul Sé e sui Funzionamenti di fondo.

La Terapia è un percorso che possiamo definire "evolutivo": da uno stadio iniziale a un altro molto meno disfunzionante: un percorso preciso che si svolge grazie alla presenza e alla relazione con il terapeuta, è un processo che si svolge per "fasi" sequenziali, nelle quali si modificano man mano sia la relazione terapeutica, sia ciò che accade in terapia, sia ciò che il terapeuta mette in atto.

CAPITOLO 4 - CASO CLINICO

UN CASO CLINICO: MARINA

DIAGNOSI

Motivazioni al colloquio

Marina ha 31 anni. È una giovane donna carina e curata nella persona.

Cinque anni fa, durante una vacanza in montagna, ha iniziato a sentirsi male, con molto "nervosismo". Inizialmente il malessere era ciclico, ogni quattro mesi circa; poi è diventato più frequente, e da un anno e mezzo a questa parte è quasi sempre presente.

Durante questo malessere, queste crisi, il suo pensiero travalica la realtà, la fa dubitare degli altri, persino degli amici e del suo fidanzato. I pensieri negativi arrivano a farla sentire minacciata da tutti, in particolare tradita dal fidanzato e osteggiata da tutta la famiglia di lui, che perciò lei non ama, tanto che non va a trovarla.

Sente mancanza di fiducia nei confronti di tutti; le persone parlano male di lei, sono contro di lei. Perciò Marina si chiude in se stessa, incapace di parlare con chicchessia in quei momenti.

Ha fatto dei colloqui con alcuni medici ma non si sentiva sicura con loro, non era certa del segreto professionale. Le erano stati prescritti ansiolitici e antidepressivi, ma dopo un primo periodo ha perso la fiducia e li prende a fasi alterne. E comunque i farmaci non hanno sortito effetto.

Ma al di là di queste crisi, Marina in realtà non riesce a realizzare in pieno una vita autonoma, una vita da adulta indipendente, nella quale svolgere un lavoro, avere amici, fare progetti per il futuro, sentirsi normale. Non è mai riuscita a farlo ed è sempre vissuta all'ombra della famiglia o del fidanzato, sempre in uno spazio di non-vita.

Disturbi attuali

L'ansia è forte, con oppressione al torace e spesso tachicardia; mani e piedi sono freddi, specie i piedi.

Il livello di attenzione è diventato basso; non trova le cose. La mancanza di attenzione la porta a volte fuori dalla realtà. È spesso fortemente indecisa.

Ha problemi di rapporto col fidanzato, e a volte si lascia prendere da situazioni immaginarie. Pensa che lui la tradisca, che ha altre donne; e nonostante l'evidenza di alcune situazioni non riesce a convincersi che in quel caso si è trattato di una sua fantasia.

A periodi ha difficoltà col sonno. Qualche tempo fa ha sofferto di formicolii alle mani.

Da una parte comincia ad avere il desiderio di un figlio anche se non è ancora sposata, dall'altra si preoccupa che le possa essere di peso.

Disturbi antichi

Anche da bambina spesso era chiusa, aveva difficoltà ad esprimersi e a socializzare.

Aveva paura dei fantasmi e del buio. Aveva paura quando i suoi genitori litigavano esageratamente, sentiva incombere la tragedia.

I film paurosi le lasciavano un forte senso di angoscia.

Famiglia

Il *padre* era agitato, nervoso, distante. Creava spesso una confusione disorientante perché negava episodi che erano veri, oppure cambiava improvvisamente umore, o ancora non dava spiegazioni chiare su quello che gli accadeva.

La *madre* era passiva, spesso triste e depressa.

I genitori avevano finito per separarsi quando lei aveva 14 anni.

Ha una *sorella* più grande di 4 anni, più aperta ed espansiva, più socievole e concreta, che un certo dialogo con la madre l'aveva.

L'atmosfera a casa era molto spesso di agitazione e confusione. Marina non osava dire alcunché per paura di turbare il poco equilibrio che c'era e si tratteneva continuamente dall'intervenire. Se era dispiaciuta o aveva un problema, dal papà non poteva andare perché spesso urlava o la derideva; e la madre non era una persona a cui rivolgersi per farsi consolare.

Avrebbe voluto sostegno e guida, avere spiegazioni e aiuto, soprattutto dal padre, ma lui era capace solo di alcuni momenti sporadici di vicinanza, senza una vera sostanza di affetto.

Giochi

Giocava poco con la sorella; giocava soprattutto con altre bambine e bambini del palazzo. Giocava con le bambole, a nascondino. Le sono piaciuti anche dei giochi particolari di fantasia in cui arrivava a suscitare paura in lei stessa. Per un periodo faceva giochi da maschio ma non era brava e finiva spesso per perdere.

Com'era da piccola

Era una bambina che già sentiva molta tristezza dentro di lei. Era timida, una "brava bambina"; parlava pochissimo.

Rabbia

Da piccola si arrabbiava ma solo "dentro": tratteneva la rabbia per non creare altri problemi in famiglia. Solo con la sorella la rabbia si manifestava un poco, perché era gelosa del fatto che riusciva a farsi prendere in considerazione dalla madre. Questa rabbia la esprimeva, però, solo a parole, agitandosi e tremando per il nervosismo.

Pianto

Da grande piange in diverse occasioni. Ma da bambina piangeva molto, e da sola, e non lo diceva mai a nessuno.

Scuola

Svolgeva rapidamente i compiti a casa, e poi si metteva a plasmare sculture, perché le piaceva molto, e anche lavorare al ricamo. Intraprendeva nuove attività, però spesso le lasciava a metà.

Sport

Ha fatto pochi sport, tra gli altri in particolare la ginnastica artistica.

Punti centrali

Ecco alcuni punti centrali che si evincono nella storia di Marina.

Non ha avuto la guida che avrebbe voluto e che le sarebbe servita molto

La sorella ha ottenuto lei un contatto con la madre, precludendone così la strada a Marina.

Ha avuto paure e fantasie molto negative sin da piccola.

Non si appassiona facilmente né alle persone né alle idee né alle attività.

Ha avuto necessità di un controllo forte nella sua vita, che però si è inceppato.

È indecisa, non assertiva.

Non ha una vera forza ben direzionata all'esterno.

Non riesce ad allentare le tensioni e la vigilanza.

DIAGRAMMA FUNZIONALE

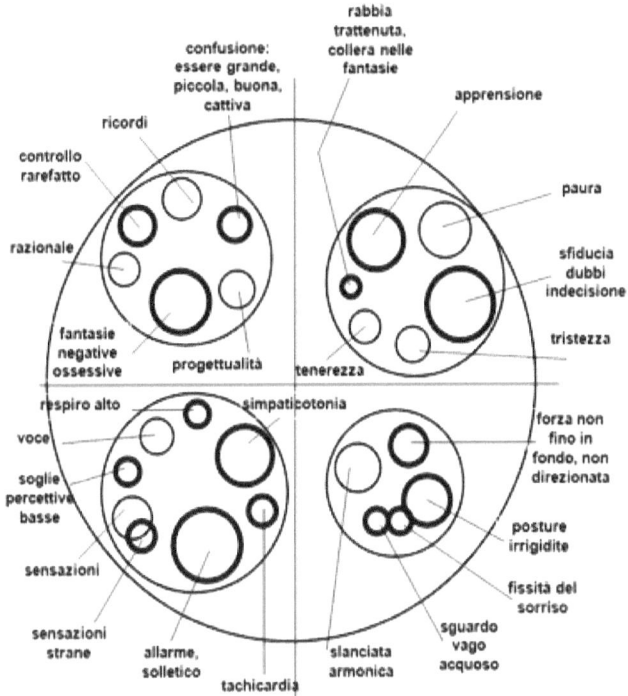

Diagramma Funzionale di Marina

In figura abbiamo riportato l'andamento delle Funzioni di Marina nel momento in cui viene in terapia. Vi vediamo ben rappresentate tutte le alterazioni che abbiamo descritto nel suo quadro diagnostico.

FILI ROSSI

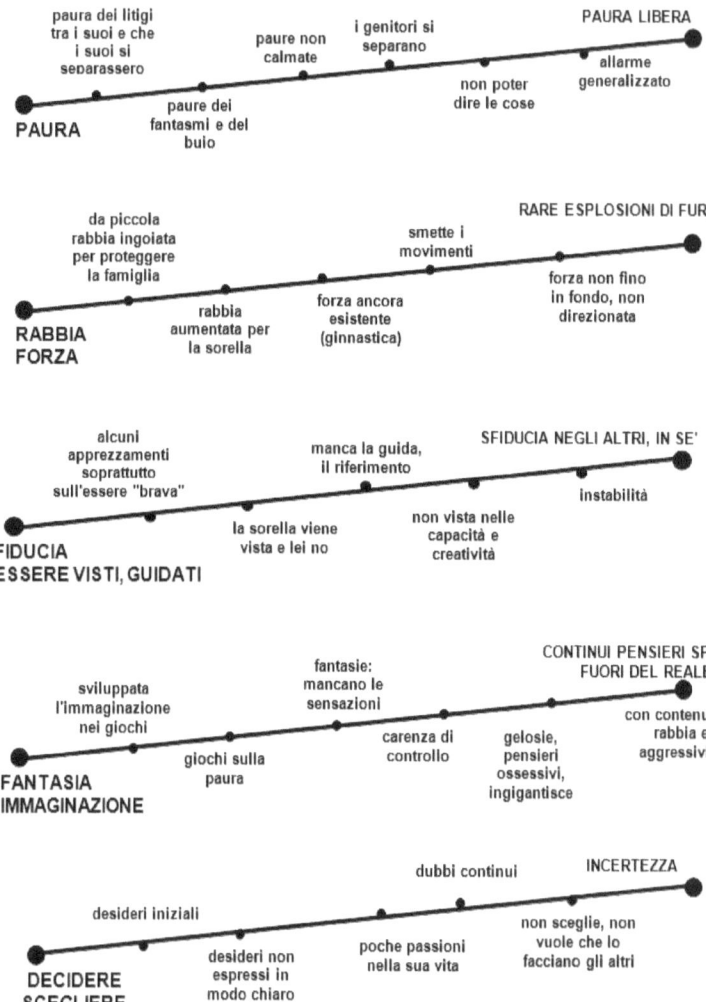

Fili rossi di Marina

PROGETTO TERAPEUTICO DI MARINA

Fase iniziale

Essere finalmente Capita e Vista, e al contempo essere da subito una Guida per lei, dandole Chiarezza e Limpidezza su quelle che sono state le sue vicende, per togliere confusioni e misteri

Piccole esplosioni innocue per diminuire la rabbia compressa

Contatto calmo e tranquillo

Fase centrale

Allentare vigilanza e Controllo

Poter raccontare, Fiducia, Abbandonarsi al terapeuta, Farle sentire che c'è spazio per lei (non come è avvenuto con la sorella), Alleanza profonda

Essere Tenuta, Essere Protetta per superare tutte le paure

Fase finale

Forza Calma che deve crescere sempre di più e sostituire una rabbia inutile

Passioni, Vitalità, Interessi che la prendono

Poter Scegliere, Progettare in modo chiaro questa nuova parte della sua vita

Pensare all'altro, Amare senza sacrificio, Maternità

CONCLUSIONI

Il grande vantaggio che offre la visione Funzionale è nel poter iniziare ad affrontare la complessità, della persona e del suo mondo relazionale; ad intervenire su tale complessità, perché, agendo sui Funzionamenti di fondo si evita di perdersi nei mille rivoli di tanti movimenti particolari, di tante parole, tanti gesti, tanti pensieri, che sono solo le manifestazioni più esterne e di superficie (legate ai vari contesti e alle varie situazioni di vita).

La psicoterapia Funzionale agisce invece a monte, sui Funzionamenti di fondo, e dunque sugli elementi che li caratterizzano su tutti i piani del Sé: gesti, movimenti, voce, emozioni, respiro, attivazioni fisiologiche, pensieri, immaginazioni. Ma si tratta di elementi che sono *essenziali*, che sono di fondo, senza cioè tutte le variazioni che caratterizzano il modo di esprimere quel Funzionamento di fondo nelle varie situazioni. La Forza Calma, ad esempio, è caratterizzata da una postura eretta, una respirazione di calma, uno sguardo aperto e diritto, una sensazione di sicurezza interna, un tono muscolare leggermente tonico ma non contratto, una voce piena ma non gridata, e così via. Ma è ovvio che la Forza Calma si esprimerà con gesti, parole, movimenti diversi a seconda che sia indirizzata d un amico, al proprio partner, al proprio figlio o al proprio datore di lavoro. Gli elementi essenziali che caratterizzano ogni Funzionamento di fondo sono, invece, trasversali a tutti i contesti, a tutte le situazioni particolari, e sono anche universali per tutti gli essere umani.

La diagnosi nel Neo-Funzionalismo va a guardare con grande precisione tutti questi elementi essenziali, e tutti i Funzionamenti di fondo che sono alterati e carenti, nella loro storia e nella loro condizione attuale. Va ulteriormente precisato che una tale diagnosi è possibile svolgerla non solo sugli individui, ma anche sulle coppie, sulle famiglie, sui gruppi, sulle istituzioni, sulle aziende e finanche sulle città. Perché nel Neo-Funzionalismo è possibile guardare tutte queste realtà come *organismi viventi*, come organizzazioni di Funzioni, con tutti i loro Funzionamenti di fondo.

E anche l'intervento Funzionale, dunque, a qualunque livello si collochi (dall'individuale al sociale), è un intervento che affronta la complessità su tutti i piani di tali *organismi viventi*, su tutti i Funzionamenti che si rivelino alterati o carenti. E si dimostra, perciò, allo stesso tempo preciso ma anche profondo, efficace ma anche più breve, adatto anche e molto sugli interventi sul sociale che devono essere ovviamente di largo respiro ma andare a incidere realmente la realtà esistente.

Dunque l'intervento Funzionale va a *recuperare* funzionamenti che hanno subito inceppi e alterazioni, va a *riprendere* condizioni vitali indispensabili per il *benessere* (e non solo per la cura del disagio) in senso pieno e ampio.

In realtà è tutta la psicoterapia che oggi si sta incamminando verso le possibilità di poter recuperare qualcosa di carente e alterato, di perso nella storia e nella vita del soggetto, per poter riprendere a sviluppare di nuovo e al meglio il percorso e il successo di vita.

Ma allora, ancora di più, appare necessario portare avanti questa nuova frontiera della psicologia Funzionale, una frontiera raggiunta dopo oltre 40 anni di studi, ricerche, applicazioni, utilizzando e sviluppando ancora ulteriormente le scoperte del Neo-Funzionalismo, le potenzialità che si sono aperte e che appaiono profondamente feconde.

E' proprio sulle nuove potenzialità del Funzionalismo, che si potranno costruire sempre di più metodologie diagnostiche e terapeutiche, in grado di raggiungere le vere radici di problemi, disturbi e sintomi, anche affiancando e integrando le cure mediche e le cure cosiddette alternative; ma anche affrontare le sfide cruciali di oggi e di domani nel riuscire a progettare e mettere in atto programmi ampi ed efficaci di prevenzione reale e di sviluppo del benessere.

BIBLIOGRAFIA

Angell J.R. (1907), *Compiti e obiettivi della psicologia Funzionale*, Psychological Review, 14, p. 61-91.

Attili G., Ricci Bitti P., (1983), *I gesti e i segni*, Bulzoni, Roma.

Basch M. F. (1988), *Come funziona la psicoterapia*, Astrolabio, Roma, 1991.

Bowlby J. (1988), *Una base sicura*, Cortina, Milano, 1989.

Emde R:, Sameroff A. (1989), (a cura di), *I disturbi delle relazioni nella prima infanzia*, Boringhieri, Torino, 1991.

Hinde R. A. (1972), *La comunicazione non verbale*, Laterza, Bari, 1974.

Hinde R. A. (1974), *Basi biologiche del comportamento sociale umano*, Zanichelli, Bologna, 1979.

Hinde R. A. (1977), *La comunicazione non verbale nell'uomo*, Laterza, Bari.

James W. (1892), *The stream of Consciousness*, Psychology, Chapter XI, Cleveland & New York World.

Morin E. (1982), *Scienza con coscienza*, Franco Angeli, Milano, 1984.

Morin E. (1985a), "Le vie della complessità", in Bocchi G., Ceruti M., (a cura di), *La sfida della complessità*, Feltrinelli, Milano.

Morin E. (2011), *La sfida della complessità. Le défi de la complexité* Editore Le Lettere, Firenze.

Morris D. (1977), *L'uomo e i suoi gesti*, Mondadori, Milano.

Peresson L. (1991) (a cura di), *Il corpo in psicoterapia*, Cisspat, Padova.

Popper K. R. (1969), *Scienza e filosofia. Problemi e scopi della scienza*, Einaudi, Torino.

Reich W. (1949), *Analisi del carattere*, Sugarco, Milano, 1973.

Ricci Bitti P. E., Cortesi S. (1977), *Comportamento non verbale e comunicazione*, Il Mulino, Bologna.

Rispoli L. (1985) (a cura di), *Il corpo e le psicoterapie*, Idelson, Napoli.

Rispoli L. (1993), *Psicologia Funzionale del Sé*, Astrolabio, Roma.

Rispoli L. (1998), "La psicoterapia corporea e il suo sviluppo Funzionale" in Cionini L. (a cura di) *Psicoterapie. Modelli a confronto*, Carocci, Roma.

Rispoli L. (2000), "La valutazione integrata dello stress" in Cuffaro M., Garofano P. (a cura di) *Nuove frontiere della psicodiagnosi*, Franco Angeli, Milano.

Rispoli L. (2004), *Esperienze di Base e sviluppo del Sé*, Franco Angeli, Milano.

Rispoli L. (2006), "Psicoterapia corporea (e lo sviluppo del Funzionalismo)", in Aa.Vv., Psiche – Dizionario storico di psicologia, psichiatria, psicoanalisi, neuroscienze, Einaudi, Torino.

Rispoli L. (2010), "Il Funzionalismo Moderno e il Paradigma Psicocorporeo. Diagnosi, terapia, prevenzione dei Disturbi d'Ansia", in Ragazzo L.D. (a cura di), *Ansia, che fare?*, Cleup, Padova.

Rispoli L. (2013),"Il paradigma espressivo-corporeo e la psicoterapia Funzionale", in Salvini A., Nardone G. (a cura di), Dizionario di psicoterapia, Garzanti, Milano.

Rispoli L. (2013), "La psicoterapia Funzionale", in Salvini A., Nardone G. (a cura di), Dizionario di psicoterapia, Garzanti, Milano.

Rispoli L. (2014), I*l Manifesto del Funzionalismo Moderno*, Alpes, Roma.

Ruggieri V. (1988), *Mente, corpo, malattia*, Il Pensiero Scientifico, Roma.

Siegel D. J. (1999), *La mente relazionale*, Cortina, Milano, 2001.

Stern D. N. (1977), *Le prime relazioni sociali: il bambino e la madre*, Armando, Roma, 1982.

Venturini R. (1979), *Sistema neurovegetativo e personalità*, Bulzoni, Roma.

Weiss J. (1993), *Come funziona la psicoterapia*, Bollati Boringhieri, Torino, 1999.

N. Dazzi, V. Lingiardi, F. Gazzillo (2009), *La diagnosi in psicologia clinica. Personalità e psicopatologia*, Cortina, Milano

De Zordo M.R., Lis A. (1990), *La diagnosi in psicologia clinica dell'età evolutiva*, Collana Scienze psicologiche, Cleup, Padova

Grazie per aver letto questa pubblicazione!

Ti presentiamo nelle prossime pagine
la nostra Scuola e il Corso di
Specializzazione in Psicoterapia Funzionale.

www.psicologiafunzionale.it

La Scuola ti fornisce **metodologie e tecniche di intervento concrete e precise**, sia a livello individuale che di gruppo, poiché **puntiamo molto sulla ricerca** ed utilizziamo le scoperte più avanzate delle neuroscienze e di altre discipline attigue.

Ti avvarrai di una scuola **tra le prime in Italia** nella valutazione relativa ai livelli di qualità messi a punto dal Coordinamento Nazionale Scuole di Psicoterapia.

Crediamo nella formazione e nella crescita professionale, per questo motivo ti proponiamo un **ventaglio formativo molto ampio** che parte dai seminari e dai workshop gratuiti fino ad arrivare ai Master Specialistici ed alla Scuola di Psicoterapia (Quadriennale) dove prevediamo anche la possibilità di ottenere **Borse di Studio**.

Riconoscimenti della Scuola

- Membro del **CNSP** (Coordinamento Nazionale delle Scuole di Psicoterapia) dal 2001.

- Riconosciuta dall'**EABP** (European Association of Body Psychotherapy) dal 1987.

- Membro del Forum dell'**EABP** dal 1998.

- Aderente alla **SPR** (Società di Ricerca in Psicoterapia).

- Membro fondatore del **CSITP** (Comité Scentifique International de Thérapie Psycho Corporelle) dal 1987.

CORSO QUADRIENNALE

Specializzazione in Psicoterapia Funzionale
Corso riconosciuto dal MIUR

Specializzazione riconosciuta secondo l'art. 3 legge 56/89. Sono ammessi alla scuola i laureati in Psicologia e Medicina iscritti ai relativi albi professionali. L'iscrizione è subordinata alla valutazione di conoscenze, capacità, esperienze, motivazioni all'attività di psicoterapeuta, e della situazione clinica personale.

Programma formativo

Si articola per ciascun anno in: -Insegnamenti teorici -Gruppo didattico -Laboratori e seminari -Stages intensivi – Supervisione -Tirocini interni -Tirocini esterni.

Forma dei Corsi

Il monte ore totale (500 ore l'anno di cui 100 di tirocinio esterno) si svolge in un incontro ogni mese da Gennaio a Dicembre), oltre ai 3 intensivi di 3 giorni, e agli incontri previsti per Laboratori, Seminari e Tirocini interni.

Valutazione

Verrà effettuata tramite verifiche in itinere e finali: esami, colloqui, valutazioni di capacità operative acquisite, tesi di ricerca.

Diploma

Alla fine dei quattro anni, completati tutti gli adempimenti richiesti, verrà rilasciato il Diploma di Specializzazione in Psicoterapia secondo l'art.3 della Legge 56/89.

Sedi SEF

- Napoli (sede centrale)
- Catania
- Firenze
- Padova
- Roma
- Benevento
- Brescia
- Lecce
- Milano
- Palermo
- Trieste

Per informazioni

- Tel. 081 03.22.195 (Sede Centrale, informazioni per tutte le sedi).
- formazione@psicologiafunzionale.it
  www.psicologiafunzionale.it